LE

PREMIER GRENADIER
DE FRANCE

9e SÉRIE PETIT IN-12.

LE
PREMIER GRENADIER
DE FRANCE
LA TOUR-D'AUVERGNE

PAR

VILLENAVE.

LIMOGES
EUGÈNE ARDANT ET Cie, ÉDITEURS.

LE

PREMIER GRENADIER

DE FRANCE

Il est, dans l'histoire des peuples, quelques noms qui vivent toujours dans leurs souvenirs. Ces noms suffisent à l'éloge de ceux qui les ont portés : il ne reste plus au Biographe qu'à retracer la vie de ces hommes rares et à dire ce qu'ils ont fait.

Théophile Malo CORRET DE LA TOUR-D'AUVERGNE naquit dans la ville de Carhaix, en breton *Keraës*, dans le département du Finistère, le 23 décembre 1743.

Son père, Louis Corret de Kerbauffret, était petit-fils de Henri Corret, enfant naturel d'une demoiselle

Corret et de Henri de la Tour-d'Auvergne, duc de Bouillon, maréchal de France et père de Turenne. Henri Corret s'était réfugié dans la Basse-Bretagne, pendant les guerres civiles, et il y avait trouvé un asile contre la persécution. Ainsi la Bretagne dut à l'accueil fait à un malheureux éxilé, de devenir la patrie d'un guerrier citoyen, qui honora son époque, l'Armorique et la France, par son épée, ses talents et ses vertus.

Il paraît que la famille Corret ignora longtemps son origine, ou qu'elle négligea de s'en prévaloir. Lors de la réformation générale de la noblesse de France, faite en 1668, 1669, 1670 et 1671, par de hauts magistrats, délégués dans les provinces, on ne voit figurer, dans le catalogue de la noblesse de Bretague, la famille de Théophile de la Tour-d'Auvergne, ni sous ce nom, ni sous ceux de *Corret*, de *Malo* et de *Kerbauffret*. Ce fut seu-

Turenne.

lement le 23 octobre 1779, que l'avant-dernier duc de Bouillon reconnut le jeune Corret comme un rejeton de la maison de La Tour-d'Auvergne, et que dans un acte authentique il consigna cette déclaration.

On peut croire, sans effort, que Théophile Corret fut moins enorgueilli de se trouver descendre d'une maison souveraine, que de compter le grand Turenne au nombre de ses aïeux. Il se vit petit-neveu de cet illustre guerrier, et se sentit grandi, non comme noble, mais comme homme et comme citoyen. Il avait un grand exemple à suivre, de rares vertus à imiter : il ne faillit point aux souvenirs qui élevaient son âme ; et déjà même il avait une ressemblanc frappante avec Turenne dans les traits de son visage.

On connaît peu les premières années de Théophile Corret. Il a cela de commun avec un grand nombre d'hommes célèbres. On sait que, dans son enfance, sa santé était délicate, son individu frêle, et qu'on le crut menacé d'éthisie.

Envoyé au collége de Quimper, il fit ses études chez les Jésuites, et remporta souvent ces palmes des écoles, première noble joie de l'adolescence, dont le souvenir dure toute la vie, et qui furent, dans le jeune Corret, comme la première moisson de lauriers, qu'il devait faire si abondante et si pure, dans les guerres de sa patrie.

Déjà, il était fier d'appartenir à une province dont les anciens habitants, appelés par César *une nation superbe et trop haute pour la servitude*, n'avaient cédé qu'après une longue résistance, et lorsque Rome achevait la soumission de l'univers.

Le jeune Corret voyait aussi, avec orgueil, la Bretagne devenue, dans les temps modernes, le berceau des

Beaumanoir et des Duguesclin, des Clisson et des La Noue, des Duguay-Trouin et de tant d'autres guerriers ou marins célèbres.

Quand il sortit du collége, il continua l'ouvrage de ses maîtres et devint lui-même son instituteur. L'étude développait en lui le goût de l'étude. On le vit se livrer avec ardeur à la science de l'histoire ancienne et moderne, à celle des langues ; à la recherche des origines gauloises ; à l'investigation des antiquités de l'Armorique. Les Commentaires de César, le Livre de Tacite, sur les Mœurs des Germains étaientparticulièrement l'objet de ses méditations. Il découvrit que sa ville natale était une des plus anciennes cités de la Bretagne. *Ker*, en breton, signifie *ville ;* dans cet idiome, Carhaix est appelé *Keraës* : il trouva que ce nom venait de *Keraetius*, ville d'Aétius, qui fut préfet de Rome dans les Gaules ; et à l'appui de cette opinion vint la découverte qu'il fit des ruines d'un aqueduc, d'une voie romaine et d'autres monuments.

Ainsi l'antiquaire précéda le guerrier. On le verra bientôt, et toujours depuis, dans les loisirs de la garnison, comme dans le tumulte des camps, ne déposer l'épée que pour ouvrir un livre : lire et combattre, ce sera toute sa vie; il ne cessera de montrer dans le guerrier le savant, et dans le savant le citoyen.

Sa famille, par une sorte de pressentiment, l'avait destiné à suivre la carrière militaire. La malheureuse guerre de Sept-Ans, commencée en 1755, allait bientôt s'achever au milieu des revers de nos armes. L'amour de la patrie et l'indignation de son abaissement fermentaient dans le cœur du jeune Armoricain. Son enthousiasme était encore exalté par le souvenir des héros de l'antiquité.

Soudain il interrompt ses études, se rend précipitamment à Brest, sollicite avec chaleur et obtient d'être admis dans un des régiments qui vont faire voile pour les Antilles. Mais en ce moment même, le cabinet de Versailles signait l'affligeant traité de 1763, et achetait la paix par la ruine de notre marine, par la cession du Canada, par la perte de la domination française dans l'Hindoustan, par l'admission d'un commissaire anglais à Dunkerque, *s'indignant*, dit Gilbert, *d'obéir à deux Rois*, et par l'anéantissement de notre considération en Europe.

Théophile Corret rentra triste dans ses foyers. Mais son faible tempérament s'était fortifié dans le voyage de Brest; et ses parents, craignant pour lui les dangers d'une vie sédentaire, s'empressèrent de lui trouver un exercice utile. Ils le firent entrer dans le corps des mousquetaires, le

3 avril 1767, jour mémorable où s'ouvrit devant lui la carrière qu'il ne devait quitter qu'avec la vie.

Il est vraisemblable qu'avant d'être formellement reconnu par le chef de la maison de Bouillon, il était déjà protégé par lui et qu'il dût à sa recommandation son entrée dans la Maison du Roi.

Mais le corps des mousquetaires n'était ni une école de mœurs, ni un modèle pour la discipline. On vit alors, avec un étonnement où se mêlait l'estime, le jeune compagnon de petits maîtres brillants et légers, dédaigner la vie aventureuse des boudoirs de Versailles et de Paris. Et tandis que ses camarades couvraient leurs dérèglements d'une bravoure éprouvée, donnée pour excuse à leur frivolité, le mousquetaire bas-breton s'appliquait, avec ardeur, dans la retraite, à l'étude des lettres et des sciences militaires. Homme de principes et de résolution, il ne s'accommodait que d'innocentes distractions. Sévère pour lui-même, mais pour les autres indulgent, il était aimé et honoré de ses jeunes camarades, qui, pour la plupart, légers, faibles et dissipés, s'égaraient, plutôt qu'ils ne se perdaient, hors du chemin de la vertu.

Mais, soit que Théophile Corret ne reconnût pas assez l'âme du soldat dans ces jeunes gens, intrépides dans la guerre, et sybarites dans la paix; soit qu'il craignît pour lui-même l'entraînement et la contagion ; soit enfin qu'il ne trouvât dans le service militaire de la Maison du Roi, qu'une espèce de domesticité brillante, sans accord avec sa mâle simplicité, avec l'esprit guerrier des temps antiques dont il était animé, sa place lui parut mieux marquée dans un des vieux corps de l'infanterie française; et, après cinq mois de service dans les mousquetaires, il entra, le 7 septembre 1767, dans le régiment d'Angoumois, où, depuis cette époque jusqu'en 1784, il monta de grade en grade, à celui de capitaine de grenadiers.

La paix régnait depuis trois ans : Corret en employa savamment les loisirs dans les garnisons, et dans les semestres qui le rendaient au foyer domestique. Par un exercice soutenu, par de fréquents voyages et de savantes explorations, il fortifia son tempérament soumis aux épreuves des saisons et aux influences de climats divers. Sa santé devint inaltérable par l'application régulière de ses facultés physiques et morales, et par la parfaite harmonie entre les forces de l'âme et celles du corps.

Ce fut l'époque de ses premières liaisons avec l'homme le plus savant de l'Armorique, Le Brigant, si profondément versé dans la connaissance des antiquités celtiques. Cette science occupait aussi le jeune Corret : il s'enfonça dans l'étude des langues, rechercha leur origine, les caractères qui leur étaient propres, leurs filiations, leurs révolutions et leurs curieuses analogies. C'est alors qu'il conçut le projet de son ouvrage sur les *Origines gauloises*, et celui d'un vaste *Dictionnaire polyglotte* en quarante langues qu'il prépara dans de longues veilles, mais que sa vie de guerrier et des jours trop courts pour une entreprise aussi gigantesque, ne lui permirent pas de terminer.

Lorsque éclata la révolution américaine, le bruit des premiers combats livrés pour la liberté dans le Nouveau-Monde, traversa rapidement les mers, et vint éveiller, dans la vieille Europe, un enthousiasme sympathique.

Bientôt les *Insurgents* (tel était le

nom qu'on donna d'abord aux Anglo-Américains) sentirent la nécessité d'engager des armes auxiliaires dans une cause qu'ils ne pouvaient seuls faire triompher. Ils envoyèrent en Europe des délégués qu'ils n'osaient encore appeler ambassadeurs. Ils choisirent pour agent à la cour de Versailles un ancien ouvrier imprimeur : cet homme jusque-là inconnu devait bientôt remplir l'Europe de son nom. C'était un savant modeste, un philantrope, un physicien, un homme d'État : c'était Franklin. Il n'avait point choisi pour domicile un des grands hôtels de Paris : il s'était retiré, sans faste et sans représentation, dans une maison de village; et c'est des hauteurs de Passy qu'il allait remuer le monde. Il n'avait d'autres décorations que ses cheveux blancs, d'autre costume que celui d'un fermier de Pensylvanie ; mais une âme forte, des vues élevées, un esprit pénétrant, des mœurs simples et pures, et l'ascendant d'un génie fort uni à de mâles vertus, le révélèrent à la France; et bientôt ce que la capitale avait d'hommes distingués dans les sciences, dans les lettres et dans les arts, dans l'économie politique, dans les premiers rangs et les hauts emplois de la société, alla visiter, écouter et admirer le sage de Passy. Il étonna les ministres, éclaira le gouvernement sur les intérêts de sa politique, et devint, sans s'en douter, et sans que personne parût d'abord s'en apercevoir, le moteur dirigeant des cabinets de Versailles et de Madrid.

La France avait à venger ses défaites, à relever l'honneur de son pavillon. Louis XVI entra dans les idées de Franklin, dans le sentiment général de la nation. L'indépendance américaine fut reconnue (1778), et des flottes et une armée allèrent aider un peuple nouveau dans sa lutte contre un pouvoir oppresseur. Ainsi, ce fut par la France que s'accomplit un grand événement plein d'avenir pour le monde : car il devait bientôt y amener les révolutions et les guerres de la liberté.

Théophile Corret, que nous appellerons dorénavant La Tour-d'Auvergne, venait d'être formellement reonnu par le duc de Bouillon, comme nant par sa naissance à son illustre amille. Il eut voulu, à l'exemple de Lafayette, aller, comme volontaire, combattre dans les champs américains : mais s'il ne put servir la cause de l'indépendance dans son berceau, il lui prêta son appui lorsque l'Espagne s'unit à la France contre l'Angleterre. Le duc de Crillon allait commencer la càmpagne de Minorque. La Tour-d'Auvergne demande et obtient, à la faveur d'un congé, de servir sous ses ordres. Il arrive sous les murs de Mahon, se présente au général comme simple volontaire, et marche sous le drapeau espagnol qu'il devait plus tard combattre avec tant d'éclat.

Il se distingue au siége mémorable de Mahon et dans de nombreux combats, cherchant toujours les grands périls et se précipitant dans les chaudes mêlées.

Un peloton espagnol était vivement chargé par un parti anglais ; il s'élance sur le chef, le combat corps à corps, et le renverse mort à ses pieds. Le général Crillon l'embrasse, lui décerne l'épée de ce chef abattu ; et dans une lettre qu'il s'empresse d'écrire à la sœur du volontaire français, il la félicite d'avoir un frère si digne et si vaillant.

Cependant, bientôt les assiégés hasardent une sortie, et sont promptement repoussés. Un soldat anglais est resté blessé sur les glacis ; et non moins généreux que brave, La Tour-d'Auvergne court l'enlever sous le feu meurtrier de la place et le transporte au camp sur ses épaules. A cet aspect, le digne descendant du *brave Crillon* devine le héros dans le soldat. Il lui offre le commandement du corps nombreux des volontaires : mais La Tour-d'Auvergne sent qu'il appartient tout entier à la France, et il refuse de s'aliéner au service de l'étranger. Néanmoins, rendant au général en chef estime pour estime, il accepta, le 22 janvier 1782, le titre de son aide-de-camp, et servit en cette qualité jusqu'à la fin de la campagne.

La guerre pour la liberté durait dans le Nouveau-Monde depuis neuf ans, lorsque le cabinet anglais reconnut l'indépendance des Etats-Unis ; la paix fut proclamée, le 25 novembre 1783, et La Tour-d'Auvergne rejoignit le régiment d'Angoumois.

Pendant la paix, il partagea sa vie entre l'étude et le service militaire, entre la garnison et ses foyers. Il parcourut, infatigable explorateur, toutes les contrées de la Bretagne, cherchant, interrogeant, ses monuments, observant les mœurs, les coutumes, le langage et recueillant les traditions. Les matériaux de ses *Origines gauloises* s'accumulaient ; il les enrichit du fruit de ses immenses lectures, des trésors de son érudition puisée dans les écrivains de tous les âges : c'était Bayard à la guerre, c'était Mabillon dans la paix.

Au milieu de ses vastes travaux, il entretenait une correspondance suivie avec son ancien général, devenu son ami. Crillon le pressait de faire le voyage d'Espagne. Après avoir longtemps résisté, il céda enfin aux plus vives instances et partit pour Madrid. Le tendre accueil qu'il reçut de Crillon ne s'effaça plus de sa mémoire; il aima toujours depuis à en causer avec ses amis. Mais aucune vanité ne déparait ces nobles souvenirs : ils ne vivaient en lui que par l'estime et la reconnaissance.

La cour d'Espagne reçut aussi La Tour-d'Auvergne avec honneur, et le 5 mai 1786, le volontaire de Mahon fut décoré de l'ordre militaire de Charles III.

Au titre de chevalier était attachée une pension de mille livres. Le héros montra un rare exemple de désintéressement civique. Il refusa la pension, quoiqu'il fût pauvre; et ce refus avait sa source dans les sentiments les plus élevés. Il s'honorait d'avoir servi dans les rangs d'un peuple ami ; mais il pensait ne pouvoir accepter de grâce que de sa patrie, et il repoussait l'idée d'être pensionnaire de l'étranger. Il se contenta donc d'accepter la croix qui n'imposait aucune obligation ; il pouvait trouver honorable de la porter : c'était une distinction toute militaire, un témoignage de la valeur guerrière donné, hors de son pays, à un soldat français.

Bientôt la révolution de 1789 vint étonner le monde : La Tour-d'Auvergne la salua de sa joie et de ses espérances ; il en adopta les principes, et plus tard en déplora les excès. Quand nos frontières furent menacées, il courut les défendre ; et tandis que les partis et les factions troublaient l'intérieur, son dévoûment à la patrie, pur de tout emportement déréglé dans sa conduite et dans ses opinions, lui montra sans cesse pour premier devoir la nécessité de repousser l'étranger, et de conserver du moins, irréprochable dans son éclat, la gloire de nos armes.

Placé à l'avant-garde de l'armée des Alpes, que commandait le général Montesquiou, il se distingua dans les combats qui soumirent la Savoie, et entra le premier, l'épée à la main, dans les murs de Chambéry.

Mais c'est dans l'armée des Pyrénées-Occidentales que La Tour-d'Auvergne devait acquérir une renommée impérissable qui semble grandir encore sur sa tombe. Le général en chef Muller n'avait choisi, pour commander l'avant-garde, composée d'un corps de grenadiers, que le plus ancien de leurs capitaines : c'était La Tour-d'Auvergne. Bientôt ce corps fut appelé la *Colonne infernale,* parce que rien ne résistait à son effort, et que souvent l'avant-garde avait vaincu quand l'armée arrivait sur le champ de bataille.

Au mois de mars 1793, la campagne est ouverte, La Tour-d'Auvergne se présente, avec ses grenadiers, à l'entrée du val d'Aran. Les neiges qui couvrent les monts sont entassées dans des gorges étroites. Ler arbres blanchis à leur cime s'y montrent comme ensevelis : c'est là qu'il faut pénétrer, et les passages sont impraticables. Les pionniers, armés de longues rames, s'avancent, battent, pour les affermir, les dernières couches des neiges amoncelées. La Tour-d'Auvergne, avec son avant-garde, s'élance dans ce frêle et périlleux chemin tracé sur des abîmes, et qui peut soudain s'affaisser et disparaître. Le passage merveilleux est effectué par le col glacé du Portillon. Un détachement espagnol était rangé sur la plate-forme d'une église. *En joue!* crie La Tour-d'Auvergne : soudain l'ennemi met bas les armes, et bientôt, par l'impétuosité du courage et par l'habileté des mouvements ordonnés, les Espagnols sont chassés de la vallée d'Aran.

Un mois s'était écoulé; La Tour-d'Auvergne se trouvait aux avant-postes avec cent cinquante grenadiers, et derrière cette poignée de braves se reposait l'armée, confiante d'ailleurs dans l'inaction de l'ennemi. Cependant, méditant une surprise, les Espagnols se rassemblent dans les ombres de la nuit; ils s'avancent. Quand du haut du mamelon qu'occupent les grenadiers, La Tour-d'Auvergne découvre, aux premières et douteuses clartés du jour, les bataillons ennemis en marche dans la plaine : « Camarades, s'écrie-t-il, les voici! gardons notre poste, ou périssons! » Et soudain, tous ont répété le même serment. Alors, unissant au courage la ruse, le capitaine, par l'étendue qu'il donne à son détachement, le fait croire plus nombreux. L'action s'engage, les munitions sont bientôt épuisées; La Tour-d'Auvergne fait battre la charge, culbute la cavalerie, soutient les efforts de l'infanterie, et, par l'audace et la rapidité de ses mouvements, donne aux corps placés en échelons derrière l'avant-garde, le temps de se réunir et d'arriver sur le champ du combat pour décider la victoire.

Un château, gardé par des soldats, gênait les mouvements de l'armée. La Tour-d'Auvergne est chargé d'enlever ce fort improvisé. Il se présente sans artillerie devant d'épaisses murailles, avec quatre-vingts grenadiers qui demandent à voir l'ennemi en face. Il court et s'avance à leur tête jusqu'aux meurtrières d'où part un feu soutenu. Les grenadiers y engagent le bout de leurs fusils, croisent le feu des assiégés, le combat est terrible, trente grenadiers sont blessés : enfin la cour se remplit de tourbillons de fumée; les assiégés ne peuvent ni respirer ni se reconnaître; ils gagnent en désordre les appartements élevés que bientôt la flamme atteint et ravage : ils demandent à se rendre, et sont faits prisonniers.

Après la prise de Fontarabie et le combat d'Heya (1er août 1794), l'armée espagnole opérait sa retraite cherchant à prendre position pour couvrir la place importante de Saint-Sébastien. L'armée française poursuivait ses succès. Le 2 août, elle avait chassé l'ennemi des postes d'Hernani et du Passage, et s'approchait de Saint-Sébastien. Cette ville était défendue par de bonnes fortifications, par une nombreuse artillerie, et avait une garnison de 2,000 hommes.

Déjà les Français s'étaient emparés des hauteurs qui dominent la ville ; mais ils ne pouvaient battre en brèche, n'ayant alors pour toute artillerie qu'une pièce de huit. Le général en chef mande La Tour-d'Auvergne, et l'envoie seul dans la place. La Tour-d'Auvergne entend et parle l'espagnol comme plusieurs autres langues ; son éloquence est vive et persuasive. Il confère avec les alcades, harangue le peuple et épouvante le gouverneur. Il annonce que les Français ont pris Fontarabie, que l'armée espagnole est vaincue, dispersée, et qu'une artillerie formidable va réduire en cendres la ville si elle refuse d'ouvrir ses portes. Il parlait et menaçait avec assurance : « Mais, capitaine, dit le gouverneur, vous n'avez pas tiré un seul coup de canon sur ma citadelle : faites-moi du moins l'honneur de la saluer. Sans cela, vous voyez bien que je ne puis vous la rendre. »

« Eh bien ! on va vous satisfaire, » répond froidement La Tour-d'Auvergne ; il retourne au camp et fait tirer l'unique pièce des assiégeants. La place répond par un feu terrible ; alors, l'intrépide parlementaire se présente de nouveau devant le gouverneur, le somme de rendre les clefs ; la capitulation est signée le 4 août, et la garnison demeure prisonnière de guerre.

La prise de Saint-Sébastien fut annoncée au comité de salut public par une lettre du général en chef Muller, qui envoya copie de la capitulation, signée du général Moncey, et approuvée par les représentants du peuple en mission, Pinet, Cavaignac et Garreau. Ces trois députés transmirent aussi leur relation ; et, le 11 août, Barère fit à la convention nationale un rapport sur le brillant succès de nos armes. Il annonça que l'armée des Pyrénées-Occidentales avait, dans l'espace de quelques jours, fait quatre à cinq mille prisonniers, pris trois cent cinquante à quatre cents pièces de canon, des magasins immenses, et vingt-cinq à trente navires richement chargés; ces succès furent dus en grande partie au courage habile du commandant des grenadiers.

Pendant cette guerre d'Espagne, La Tour-d'Auvergne partagea les fatigues et le pain du soldat. On le vit s'imposer volontairement toutes les privations : il marchait nu-pieds quand les souliers manquaient à ses compagnons d'armes ; comme eux, il couchait sur la paille ou sur la terre nue ; dans les marches, il conduisait son cheval par la bride, et quand il voyait un grenadier trop fatigué : « Camarade, disait-il, monte sur mon cheval, je suis las de le conduire, » et il fallait obéir. Il était aimé pour sa bonté, estimé pour ses lumières et pour son courage que n'étonnait aucun danger ; il entraînait par sa parole, par la confiance et par l'attachement qu'il inspirait ; il ne faisait point sentir son autorité : le dévouement des soldats la rendait absolue. Plusieurs fois on lui offrit, et toujours il refusa le grade de général.

On ne peut retracer ici tous ses exploits dans la guerre : il resterait trop peu de place pour peindre sa vie de soldat, son désintéressement, son humanité, ses autres vertus et son grand caractère. Citons rapidement quelques traits.

L'armée française souffrait de la disette : des partis espagnols étalaient des vivres et des vins en abondance aux yeux de nos soldats séparés d'eux par une rivière, et aucun bateau pour la traverser n'était sur ses bords. « Qui veut dîner me suive ! » dit gaîment La Tour-d'Auvergne, et il se jette à la nage, ses grenadiers le suivent, et les Espagnols, fuyant, abandonnent leurs provisions.

Ayant, un jour, réuni à la colonne du centre tous ses grenadiers, il gravit, par les vallées du Bastan, de hautes montagnes, emporta les redoutes et fit huit à neuf mille prisonniers. A la suite de plusieurs marches forcées, les belles fonderies d'Éguy et d'Obey-Retié, devinrent sa conquête : on les estimait 32 millions ; elles étaient défendues par les plus habiles tireurs de la Péninsule et par les miquelets catalans.

Les commencements de cette guerre avaient eu quelques mauvais jours pour nos armes ; les Espagnols avaient forcé le camp de Sor, la retraite devenait difficile. La Tour-d'Auvergne n'était pas seulement *le plus brave des braves* (c'est ainsi qu'on l'avait dejà surnommé), il était versé dans l'art de la guerre ; et, par l'habileté de ses manœuvres, il facilita la retraite et dégagea l'armée. Ce beau fait d'armes fut retracé à la tribune de la Convention nationale, et le nom de La Tour-d'Auvergne honorablement proclamé dans la séance du 8 mai 1793.

La Tour-d'Auvergne allait au combat tête nue, tenant son manteau roulé sous le bras gauche. Ce manteau, qui lui servait d'oreiller pendant la nuit, et que les soldats prenaient pour signal de ralliement dans la mêlée, fut souvent atteint par le feu de l'ennemi ; et comme le grenadier commandant n'était jamais lui-même blessé : « Notre capitaine, disaient-ils, a le don de charmer les balles. »

Tandis que les factions et l'anarchie déchiraient la France, il disait aux officiers et aux soldats : « Nous ne connaissons point de partis ; nous savons que l'ennemi est là : voilà tout ce qu'il nous faut savoir. »

Un jour qu'un des proconsuls envoyés aux armées, lui vantait son crédit et lui offrait sa protection : « Vous êtes donc bien puissant, lui dit le héros? — Sans doute. — Eh bien, demandez pour moi... — un régiment? — une paire de souliers. »

Tandis qu'il était question de le destituer comme noble, le délégué d'un autre proconsul vint le sommer d'aller lui rendre ses hommages ; il répondit : « Dis à ton maître que je ne fais la cour à personne, que je ne connais d'autre devoir que celui de combattre et de vaincre l'ennemi ; et, s'il est tout puissant comme tu l'annonces, dis-lui de mettre l'Espagnol en fuite : je l'entends qui s'avance, et je vais faire battre la charge. » Mais la tyrannie révolutionnaire ne pouvait atteindre La Tour-d'Auvergne au milieu de ses grenadiers, qui auraient su le défendre et le garder.

La paix fut signée avec l'Espagne, le 22 juillet 1794. L'armée française repassa les Pyrénées. Mais tous les lieux où La Tour-d'Auvergne avait campé ou combattu gardèrent le souvenir, qui n'est point encore effacé, de la simplicité de ses mœurs, de sa bravoure et de son humanité. On le vit, dans ces temps où la guerre à mort était déclarée, épargner, protéger les vaincus, faire respecter le sexe, la vieillesse et l'enfance, et n'emporter de tant de combats d'autre butin que la gloire et son manteau criblé par les balles.

Il s'était embarqué à Bayonne, où il fit imprimer ses *Origines gauloises*, pour aller retrouver, dans le Finistère, le repos et l'obscurité de ses foyers. Mais le bâtiment qui le portait fut pris par les Anglais; et quoique La Tour-d'Auvergne ne s'y trouvât qu'en qualité de passager, il fut considéré comme prisonnier de guerre et transféré dans le comté de Cornouailles. Là, à l'aide du langage bas-breton, il put facilement entendre les habitants de cette contrée, ainsi que ceux du pays de Galles, et il écrivit à un de ses amis : « Je suis encore avec les Celtes. »

Jusqu'alors l'épreuve du malheur avait manqué à sa vertu : il soutint cette épreuve sans y faillir. L'ordre avait été donné de lui arracher la cocarde aux trois couleurs. Il défendit d'une voix forte et sévère les droits du captif désarmé, et ses geôliers s'arrêtèrent avec respect, étonnés et confondus. Il donna aux prisonniers français l'exemple de la constance, et supporta avec dignité son obscure infortune, comme il avait soutenu, avec modestie, sa renommée sur le théâtre de ses exploits. Sans nouvelles de sa patrie, il aimait à célébrer, avec ses anciens frères d'armes, l'anniversaire des premières victoires de la Révolution, et dans des banquets où tout manquait, excepté le pain et l'eau, retentissaient des chants patriotiques.

En même temps, La Tour-d'Auvergne étudiait la langue : il interrogeait les monuments de Cornouailles et du pays de Galles; il ressaisissait, dans la nuit des temps, sur des pierres gigantesques, brutes et sans inscriptions, les traces presque effacées des peuples celtiques; et sa conviction profonde était que la Grande–Bretagne devait son nom et son origine à la contrée que depuis elle avait, à tort, selon lui, appelée Petite-Bretagne.

Echangé, après un an de captivité, La Tour-d'Auvergne revint dans sa patrie (1797), quand déjà, sur le bruit répandu de sa mort, il avait été remplacé dans son grade; il rentrait donc en France avec le titre d'officier réformé. Il eût pu réclamer contre cette erreur et facilement la faire réparer : il aima mieux l'oublier.

Mais, quoique pauvre, il ne voulut pas laisser exister le témoignage d'une grande injustice que peut seule expliquer le désordre anarchique des mauvais jours de la Révolution. Tandis qu'il combattait avec tant de gloire sous les drapeaux de la République, son nom avait été inscrit sur la liste des émigrés. Il réclama, et obtint sa radiation.

Il se retira dans une petite maison à Passy, reprit avec ardeur l'étude de nos origines et vécut heureux au milieu des livres et des médailles, de quelques fleurs et de quelques amis. Son appartement était modeste, son habillement simple, sa vie frugale et laborieuse : il se réservait encore, dans de sévères économies, les moyens de soulager l'infortune.

Cependant, un dévoûment rare et digne des temps antiques allait, dans l'âge du repos, le rejeter dans le tumulte des armes. Le savant breton Le Brigant, son compatriote et son ami, père de sept enfants, lui écrit pour le prier de faire exempter de la réquisition l'aîné qu'elle venait d'atteindre : c'était le compagnon nécessaire de ses longs travaux, et alors l'unique appui de sa vieillesse. Mais La Tour-d'Auvergne ne veut pas priver, dans un temps de revers pour nos armes (1797), la France d'un défenseur : il ne sollicite pas l'exemption ; il demande à remplacer lui-même le jeune réquisitionnaire. Il part, mêlé dans les rangs des soldats qu'il avait commandés : mais l'estime des chefs le suit et le distingne ; il est dispensé de tout service qui n'est que pénible sans être périlleux. Il est invité à la table des généraux et surtout appelé dans leurs conseils. Mais quand l'armée marche au combat, il rentre dans les rangs des grenadiers : il n'est plus que leur camarade et leur modèle.

Après la rupture du traité de Campo-Formio, l'éclat de nos armes avait pâli. La campagne de l'an VII

(1799) avait eu des commencements sinistres. La République française troublée par des divisions intestines, l'harmonie détruite entre le Directoire et les deux Conseils législatifs, l'épuisement des finances, l'inquiétude des esprits, la victoire devenue au dehors difficile ou infidèle : tels étaient les tristes avant-coureurs d'une révolution nouvelle ; et ils semblaient ouvrir la voie à l'ambition d'un chef qui rêverait l'empire.

Masséna et Lecourbe cherchaient à venger dans la Suisse, les désastres de l'Italie. L'épée de La Tour-d'Auvergne fut tirée dans tous les combats qui signalèrent cette campagne, et délivrèrent l'Helvétie. Pendant les courts repos de ces sanglantes journées, on vit, comme à l'ordinaire, dans La Tour-d'Auvergne, le savant délasser le guerrier. Placé en station à Windisch, il y reconnut une colonie romaine, l'ancienne Vindonissa; il recueillit des médailles, interrogea des ruines; chercha les vestiges des temps antiques, toujours fidèle à la devise *Gloriæ Majorum*, que choisit l'Académie Celtique, quand elle inscrivit lors de sa formation, en tête de la liste de ses membres *résidents* (1805) La Tour-d'Auvergne, cinq ans après sa mort!

Mais, si dans la guerre le repos de La Tour-d'Auvergne était l'étude, l'action était l'héroïsme. Il combattit aux premiers rangs à la reprise de Zurich. Les Russes vaincus, écrasés, refusaient de se rendre; ils provoquaient par l'injure la fureur des soldats : le héros s'avance et parle dans leur langue qu'il entendait; son éloquence est rapide comme le danger, et en même temps que par l'ascendant de sa mâle vertu, il retient l'exaspération du vainqueur, il parvient à faire accepter la vie aux vaincus.

Cependant, la République en France allait finir son temps. La Révolution du 18 brumaire avait tout changé. Le nom de République restait encore, mais il tendait de jour en jour à s'effacer dans l'empire.

En janvier 1800, La Tour-d'Auvergne fut nommé par le Sénat conservateur, membre du Corps législatif, lors de la première organisation de cette assemblée ; mais, dans sa modestie, il refusa d'accepter sa nomination, disant : « je ne sais pas faire les lois, je ne sais que les défendre : » et, le 28 janvier, sur són refus, que rien ne put vaincre, il fut remplacé par De Vismes.

Il est dans les destinées humaines de singuliers rapports de faits éloignés, qui étonnent quand ils sont accomplis et rapprochés. Avant la Révolution, un habitant encore obscur de la ville de Carhaix est reconnu par un duc de Bouillon, comme descendant d'un de ses ancêtres, qui vivait près de deux siècles auparavant. Ce citoyen se fait un nom dans les armes. La Révolution éclate, et ce nom grandit encore. La noblesse est bientôt proscrite; la liste des émigrés s'ouvre : la vente de leurs biens commence et se poursuit de toutes parts. La Tour-d'Auvergne est devenu dans l'armée un héros populaire, et il rend à la maison illustre, qui naguère l'a reconnu, bien plus qu'il n'a reçu d'elle : son nom la protège, et de grands biens lui sont conservés ou rendus. Le duc de Bouillon veut, dans sa reconnaissance, assurer au héros une existence aisée dans une douce vieillesse. Il lui offre, il le presse d'accepter la terre de Beaumont-sur-Eure, qui vaut dix mille francs de rente. Mais La Tour-d'Auvergne ne veut pas perdre le mérite d'avoir obligé avec désintéressement : il refuse; le duc presse encore ; il insiste.. : la résolution de La Tour-d'Auvergne est irrévocable. Huit cents livres de rente composaient toute sa fortune : *c'est beaucoup,* disait-il, *pour un grenadier sous les armes. C'est assez pour un homme qui ne s'est pas fait de besoins dans la retraite.* Il avait abandonné sa pension à une famille pauvre, et il écrivait à un de ses amis : « du pain, du lait, la liberté, et un cœur qui ne puisse jamais s'ouvrir à l'ambition, voilà l'objet de tous mes désirs ». Quand le discrédit rapide du papier-monnaie vint trop sensiblement diminuer ses faibles ressources, il s'adressa au ministre de la guerre, qui, sur-le-champ, donna l'ordre de lui compter quatre cents écus. La Tour-d'Auvergne ne voulut prendre que cent vingt francs, et dit, en souriant : « si j'ai besoin encore, je reviendrai. »

Des traits pareils n'étaient guère

dans les mœurs de son âge : ils rappellent la simplicité des temps antiques; ils peuvent étonner de nos jours : mais comment s'empêcher de les admirer !

Le 25 avril 1800 (5 floréal an VIII), Carnot, alors ministre de la guerre, digne admirateur de tant de vertu unie à tant de gloire, écrivit cette lettre mémorable que l'histoire doit conserver :

Le Ministre de la guerre au Citoyen
LA TOUR-D'AUVERGNE-CORRET.

« En fixant mes regards sur les hommes dont l'armée s'honore, je vous ai vu, citoyen, et j'ai dit au premier consul :

« La Tour-d'Auvergne-Corret, né dans la famille de Turenne, a hérité de sa bravoure et de ses vertus.

« C'est l'un des plus anciens officiers de l'armée; c'est celui qui compte le plus d'actions d'éclat ; partout *les braves* l'ont nommé *le plus brave*.

« Modeste autant qu'intrépide, il ne s'est montré avide que de gloire, et a refusé tous les grades.

« Aux Pyrénées-Occidentales, le général commandant l'armée (*Muller*) rassembla toutes les compagnies de grenadiers, et pendant le reste de la guerre, ne leur donna point de chef. Le plus ancien capitaine devait commander : c'était La Tour-d'Auvergne. Il obéit, et bientôt ce corps fut nommé par les ennemis *la Colonne infernale*.

« Un de ses amis n'avait qu'un fils, dont les bras étaient nécessaires à sa subsistance : la conscription l'appelle. La Tour-d'Auvergne, brisé de fatigues, ne peut travailler, mais il peut encore se battre ; il vole à l'armée du Rhin, remplace le fils de son ami ; et pendant deux campagnes, le sac sur le dos, toujours au premier rang, il est à toutes les affaires, et anime les grenadiers par ses discours et son exemple.

« Pauvre, mais fier, il vient de refuser le don d'une terre que lui offrait le chef de sa famille. Ses mœurs sont simples, sa vie est sobre ; il ne jouit que du modique traitement de capitaine à la suite, et ne se plaint pas.

« Plein d'érudition, parlant toutes les langues, son érudition égale sa bravoure ; et on lui doit l'ouvrage intéressant, intitulé : *les Origines gauloises.*

« Tant de vertus et de talents appartiennent à l'histoire ; mais il appartient au premier Consul de la devancer. »

« Le premier Consul, citoyen, a entendu ce précis avec l'émotion que j'éprouvais moi-même ; il vous a nommé, sur-le-champ, Premier Gre-

NADIER DES ARMÉES DE LA RÉPUBLIQUE, et vous décerne un sabre d'honneur.

« Salut et fraternité. »

Signé : CARNOT.

La Tour-d'Auvergne accepta le sabre d'honneur, et voulut refuser un titre nouveau dans l'histoire, créé pour lui, et qui ne sera jamais peut-être rétabli. Il écrivait à un de ses amis : « Je n'eus jamais plus besoin de consolation que dans le moment où vous m'adressez des félicitations. Quelqu'un qui ne sut compter avec sa patrie que pour briguer l'honneur de la servir, et qui rangea toujours parmi les choses les plus indifférentes les éloges et les distinctions, pourrait-il n'être pas vivement affecté de voir attaché à ses faibles services un prix aussi énorme, aussi disproportionné? Supérieur aux craintes comme aux espérances, tout me fait un devoir de m'excuser d'accepter un titre qui, à mes yeux, ne paraît applicable à aucun soldat français, et surtout à un soldat attaché à un corps où l'on ne connut jamais ni premier ni dernier. Je suis trop jaloux de conserver des droits à l'estime des valeureux grenadiers et à leur amitié, pour consentir à aliéner de moi leur cœur, en blessant leur délicatesse. Les voies où j'ai marché ont toujours été droites et faciles. J'attendais de mes services (si l'on y attachait un jour quelque prix) un salaire plus conforme à mes goûts et plus dtgne d'un homme de guerre : ou l'oubli, ou que l'on ne se les rappelât qu'à ma mort. »

En écrivant ces lignes, La Tour-d'Auvergne s'était peint. Il ne put faire révoquer une distinction qui n'étonnait que lui-même; et, dès ce moment, il arrêta dans sa pensée qu'une mort glorieuse pourrait seule la justifier.

On lui avait laissé le choix du corps où il voudrait servir : il entra dans la 46e demi-brigade comme simple grenadier, et fit partie de l'armée du Danube qui ne tarda pas à être passé à la nage et sans pontons.

Le général en chef Moreau gagna rapidement quatre batailles, à Biberach, à Memmingen sur Liller, à Dillingen ; il conquit la Souabe, une partie de la Bavière, et vengea, dans les plaines d'Hochstedt, l'ancien revers de nos armes.

Le général Kray était vivement poursuivi dans sa retraite. Le 27 juin Lecourbe l'atteignit au village d'Oberhausen, près de Neubourg. Le combat s'ouvre, la division du général Montrichard se trouve la première engagée et d'abord repoussée : mais, soutenue par la division Grandjean, elle reprend l'offensive. L'action est meurtrière et terrible : elle durait encore à dix heures du soir. Les munitions étaient épuisées, mais non le courage ; on avait cessé de tirer, on ne se battait plus qu'à l'arme blanche, qu'avec la crosse des fusils.

Ce fut dans cette horrible mêlée, dit le général Mathieu Dumas, que périt le premier grenadier de France, le brave La Tour-d'Auvergne, véritable preux, modèle de valeur et de vertus guerrières. Il combattait sur la colline d'Oberhausen : il aperçoit un hullan qui porte une enseigne, il s'élance pour la lui arracher ; mais un autre hullan accourt et l'atteint au cœur avec sa lance.

Deux mois ne s'étaient pas encore écoulés depuis qu'il avait été nommé *Premier Grenadier des Armées françaises* quand il trouva la mort des braves qu'il cherchait, et son dernier lit dans un champ de bataille : il y tomba comme Turenne, son aïeul ; il

lui avait ressemblé dans sa vie, il lui ressembla dans sa mort. C'est ainsi que treize jours auparavant (14 juin 1800), Desaix était tombé vainqueur dans les plaines de Marengo.

Pour bien juger aujourd'hui à quelle hauteur de renommée La Tour-d'Auvergne se trouvait élevé, il suffira de lire cet ordre du jour du général en chef (28 juin).

Ordre du général en chef de l'armée du Rhin (MOREAU).

« Mes camarades,

« Le brave La Tour-d'Auvergne a trouvé une mort glorieuse. Les soldats à la tête desquels il combattit si souvent, lui doivent un témoignage solennel de regret et d'admiration; en conséquence, le général en chef ordonne :

« 1° Les tambours des compagnies des grenadiers de toute l'armée seront pendant trois jours voilés d'un crêpe noir.

« 2° Le nom de La Tour-d'Auvergne sera conservé à la tête du contrôle de la compagnie de la 46e demi-brigade, où il avait choisi son rang. Sa place ne sera point remplie, l'effectif de cette compagnie ne sera plus dorénavant que de 82 hommes.

« 3° Il sera élevé un monument sur la hauteur en arrière d'Oberhausen, au lieu même où La Tour-d'Auvergne a été tué. Les restes du chef de brigade Forti, commandant la 46e, et qui a reçu la mort à ses côtés, après avoir fait des prodiges de valeur, y seront aussi déposés.

« 4° Ce monument consacré aux vertus et au courage, est mis sous la sauve-garde de tous les pays.

« Dessoles,

« *Chef de l'état-major-général.* »

Et, en un jour, ce monument s'éleva, par la main des soldats, improvisé comme nos victoires, durable comme leur souvenir, simple comme le héros dont il reçut la dépouille, au roulement de tous les tambours voilés, sur la colline d'Oberhausen. L'armée se remit en course, comme pour venger sa mort, et le même jour les Français entrèrent dans Munich, et Vienne menacée allait ouvrir ses portes, quand, peu de jours après (15 juillet), un armistice demandé par l'Autriche, vint suspendre le cours de nos victoires

Cependant l'ordre du jour de l'armée s'exécutait avec un religieux enthousiasme, digne des temps antiques.

Le deuil de l'armée du Danube devint celui de la France, et prit un caractère national.

Un arrêté des Consuls, inséré au *Bulletin des Lois*, ordonne, le 20 juillet 1800, que le sabre d'honneur du Premier Grenadier des Armées françaises sera suspendu aux voûtes de l'église des Invalides, qu'on appelait alors *le Temple de Mars*.

Le lendemain (21 juillet), le Tribunat arrête, à l'unanimité, que, « sensible à la perte que l'armée française a faite dans la personne de son Premier Grenadier, voulant honorer à la fois le dévoûment et la modestie du brave La Tour-d'Auvergne, » le président prononcera son éloge et celui des guerriers morts pour la défense de la patrie, à l'anniversaire de la fondation de la République.

La veille de cette fête (22 septembre), par une coïncidence remarquable, qu'il ne faut pas attribuer au hasard, le corps de Turenne, immortel aïeul de La Tour-d'Auvergne, qui était passé, de la sépulture des Rois, au Musée des monuments français, est transféré, avec pompe, sous le dôme des Invalides, en même temps que le sabre de son arrière-neveu est appendu au milieu des trophées dans le haut de la nef.

Enfin le jour de l'anniversaire de la République, en présence des trois Consuls, du Sénat, du Tribunat et du Corps Législatif, devant les Députés envoyés, au nombre de trois, par chaque département, l'éloge de La Tour-d'Auvergne se trouve mêlé à celui de Turenne, et brille au premier rang dans la commémoration des *Guerriers français morts pour la défense de la patrie ;* et, ensuite, sur la place des Victoires, en présence du même cortège, le sénateur Garat lit l'éloge des généraux Kléber et Desaix, qui étaient tombés le même jour, l'un près des Pyramides, sur les bords du Nil ; l'autre, au-delà des Alpes, dans les champs de Marengo ; et Napoléon pose la première pierre d'un monument élevé à la mémoire de ces illustres guerriers.

Bientôt la ville de Carhaix voulut consacrer, dans ses murs, la mémoire du héros qu'elle avait vu naître; et le 5 septembre 1801, un arrêté des Consuls autorisa les habitants à lui élever un monument.

Cinq ans s'étaient écoulés, la République avait fait place à l'Empire, et la 46e demi-brigade, fière de posséder le cœur du *Premier Grenadier de France*, entendait tous les jours, à l'appel, cette réponse sublime : *Mort au champ d'honneur!* et le lendemain, marchait au combat et à la victoire : rappelant ainsi que, dans l'antiquité, longtemps après la mort d'Ajax, les Locriens, quand ils allaient à la guerre, laissaient vide, dans leurs rangs, la place de ce héros, et gagaient, en son nom, des bataillles. Cinq ans s'étaient écoulés, lorsque, le 30 mars 1805, un des fondateurs de *l'Académie Celtique*, M. Mangourit, dans la première séance de cette Société, termina un discours plein d'enthousiasme, en ces termes :

« Mettons en rapport de gloire, et les braves qui défendent la Patrie, et les savants qui l'éclairent. Ne sommes-nous pas les compagnons de La Tour-d'Auvergne aussi bien que les grenadiers de la 46e ? S'il est encore le premier d'entre eux, qu'il soit aussi le premier d'entre nous ? Décernons au *brave des braves* la place due au savant illustre qui nous a fait connaître nos origines. Que son esprit soit toujours présent aux séances de cette Académie ; qu'il dirige ses pensées ; qu'il conduise ses travaux. »... Et, sur-le-champ, les dispositions suivantes furent arrêtées :

« Le nom de La Tour-d'Auvergne est placé à la tête des membres de l'Académie Celtique ; — lors des appels, son nom sera appelé le premier. — Le général Dessoles, qui fit et signa l'ordre de l'armée, après le trépas de La Tour-d'Auvergne, est nommé membre régnicole de l'Académie (1). »... Et, depuis ce jour, le nom de La Tour-d'Auvergne-Corret, « *mort au champ d'honneur* », fut et resta le premier inscrit sur la liste des membres *résidents*.

S'il est beaucoup de noms que conserve l'histoire, il en est peu qui vi-

(1) Indépendamment des généraux Kléber et Desaix, cette Académie comptait parmi ses membres : les maréchaux Brune et Macdonald, l'amiral Bruix, les généraux Menou, Beurnonville, Hédouville, Miollis, Andréossy, Pommereul, d'autres encore. La savante collection de *Mémoires* que l'Académie a publiés, et que la Société continue avec succès, est un dépôt précieux pour l'histoire des langues, des origines et des antiquités. Dans la salle des séances était placé avec honneur, le buste de La Tour-d'Auvergne, modelé par Corbet, et d'après lequel a souvent été reproduit, par le burin, le portrait du *Premier Grenadier de l'Armée française*.

vent, avec une espèce de prestige, dans le cœur des peuples, et dont le souvenir ne s'efface jamais. Le tombeau, que dans sa course rapide l'armée française éleva de ses mains, le 28 juin 1800, sur la colline d'Oberhausen, avait été toujours respecté par l'étranger, même au milieu de ses revers : il n'avait ressenti que les outrages du temps, lorsqu'en 1837, le roi de Bavière a fait restaurer ce monument qu'un ordre du jour de l'armée du Danube avait déclaré *mis sous la sauve-garde de tous les pays.* Le roi poète y a fait graver, pour inscription, deux vers allemands, dont voici la traduction : *Celui qui meurt dans une lutte sacrée, trouve pour le repos une patrie, même dans la terre étrangère.*

Il y a ici, dans les faits, quelque chose de grand et d'antique qui rappelle les plus belles *Vies* de Plutarque.

Le cœur de La Tour-d'Auvergne, qui avait été porté, avec la victoire, dans plusieurs capitales de l'Europe et jusque sous les murs du Kremlin par un vieux grenadier, sergent décoré de la 46e demi-brigade, fut déposé aux Invalides, après le licenciement de l'armée de la Loire, et quand les régiments furent recomposés. Ensuite ce cœur, qui ne battant plus, avait fait battre encore pour la patrie et pour la gloire tant d'autres cœurs, fut transporté à la Chancellerie de la Légion d'honneur ; puis une comtesse de La Tour-d'Auvergne-Lauraguais obtint qu'il lui serait remis ; et, enfin, en 1838, s'éleva un long procès entre les membres de la famille de La Tour pour savoir auquel d'entre eux ce noble héritage devait appartenir.

Si les morts pouvaient sortir de leur tombeau, le *Premier Grenadier de France* eût dit à ceux qui se disputaient son cœur : « Vivant, je n'ai jamais hésité à reconnaître que ma naissance illégitime ne me donnait légalement aucun droit à me dire issu de la maison de Bouillon qui est celle de La Tour. Mais, si vous voulez que je vous appartienne, n'oubliez pas que j'appartiens aussi, et avant tout, à ma patrie et à l'armée. Laissez donc à ce qui reste de moi reprendre sa place dans le sanctuaire des braves, où, avec mon épée, repose le plus illustre de nos aïeux. »

FIN.

Limoges. — Imp. E. ARDANT et Cie.

www.ingramcontent.com/pod-product-compliance
Ingram Content Group UK Ltd.
Pitfield, Milton Keynes, MK11 3LW, UK
UKHW022127260726
13993UKWH00003B/1280